INVENTAIRE
V24562

2654.
Ed. 50.

DIALOGUE RAISONNÉ

ENTRE

UN ANGLAIS ET UN FRANÇAIS,

OU

REVUE DES PEINTURES, SCULPTURES
ET GRAVURES

EXPOSÉES DANS LE MUSÉE ROYAL DE FRANCE,
LE 5 NOVEMBRE 1814.

IMPRIMERIE DE FAIN, PLACE DE L'ODÉON.

DIALOGUE RAISONNÉ

ENTRE

UN ANGLAIS ET UN FRANÇAIS,

OU

REVUE DES PEINTURES, SCULPTURES ET GRAVURES

EXPOSÉES DANS LE MUSÉE ROYAL DE FRANCE
LE 5 NOVEMBRE 1814.

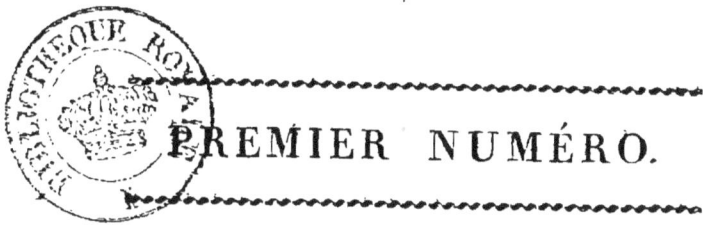

PREMIER NUMÉRO.

(Le second numéro de cet ouvrage paraîtra le 1er décembre, le troisième le 10, et le quatrième le 20.)

A PARIS,

Chez DELAUNAY, Libraire, Palais-Royal, galeries de Bois, N°. 243,

Et chez tous les Marchands de Nouveautés.

1814.

DIALOGUE RAISONNÉ

ENTRE

UN ANGLAIS ET UN FRANÇAIS,

OU

REVUE DES PEINTURES, SCULPTURES ET GRAVURES

EXPOSÉES DANS LE MUSÉE ROYAL DE FRANCE, LE 5 NOVEMBRE 1814.

Du choc contraire des opinions naît l'étincelle cachée de la vérité.

LETTRE A MADAME ***.

M<small>ON AIMABLE AMIE</small>,

P<small>OUR</small> les âmes qu'unit un tendre sentiment, être éloignées, c'est cesser de vivre; et le souvenir, ce beau présent du ciel, est le seul adoucissement à leurs peines. Depuis que je suis dans la capitale, séparé de vous, je n'ai pu remplacer un seul instant le charme inexprimable que je goûtais à vous entendre : l'ennui me dévorait. J'allais tomber dans une sorte de léthargie, lorsque l'exposition des tableaux est venue m'en tirer; vous savez que c'est la fête des arts et les jours de gloire des artistes. Dans mon enthousiasme, et pour me rapprocher de vous en imagination, j'avais formé le projet de vous faire la description des ouvrages qui m'avaient le plus frappé; mais, sentant que je m'acquitterais assez mal d'une tâche qui demande les plus grandes connaissances, quoique j'aie pris autrefois des leçons de peinture dont j'ai presque oublié la langue, je me bornerai à vous faire le récit exact d'un entretien que j'ai entendu entre un Anglais et un Français, sur les morceaux les plus admirés de cette exposition; leur opinion différente me paraît plus propre à vous donner une juste idée des talens de nos artistes que tout ce que je pourrais vous écrire. Cependant, je me propose d'y mêler quelquefois mon jugement; ne connaissant aucun artiste, je parlerai sans prévention et sans envie : vous savez que je n'ai que celle de vous plaire, et mon ambition ne va pas au-delà; les beaux-arts et l'amitié sont les sources les plus pures de mon bonheur; enfin, ce que je vous dirai sera l'histoire fidèle de toutes les sensations que j'ai éprouvées.

Ce qui m'étonne beaucoup, c'est que la critique,

qui devrait s'épurer avec les beaux-arts, devient de plus en plus mauvaise, et cependant, nos artistes approchent maintenant presque du but que les Grecs ont atteint dans leurs plus beaux jours de gloire. Le critique met aujourd'hui des jeux de mots et des pointes à de mauvais couplets, à la la place de discussions savantes et de sages conseils, lorsqu'il devrait faire un examen raisonné des ouvrages. Au siècle de Périclès, le langage des Aristarques était sans doute bien différent ; il conviendrait, je pense, beaucoup mieux qu'on cessât de critiquer, que de le faire aussi mal. La saine critique est cependant nécessaire au progrès des arts, j'ose même dire indispensable, pourvu qu'elle ne parte pas d'un cœur méchant; elle est un remède, et la flatterie un poison. L'amour de la gloire est comme toutes les autres passions humaines, l'espérance le nourrit, mais il faut des obstacles pour l'accroître. Le génie, cet enfant de la nature et l'élève du hasard, ne parviendrait pas au degré de force et de sublimité qu'il peut atteindre, s'il était toujours entouré d'adulateurs qui l'endorment sur ses premiers succès ; il vaudrait mieux alors l'abandonner à lui-même, et, comme le dit Marmontel, s'en rapporter au jugement du public plus ou moins éclairé, suivant les pays et les siècles, mais toujours respectable en ce qu'il comprend les meilleurs juges dans tous les genres, dont les voix, d'abord dispersées, se réunissent à la longue pour former l'avis général.

Une chose assez remarquable dans les tableaux de l'exposition de cette année, c'est que, par suite des événemens derniers, les ouvrages ont pris un autre caractère que celui qu'ils ont eu pendant trop long-temps. On ne voyait plus au salon que des tableaux de batailles, comme s'il ne suffisait pas que les horreurs de la guerre pesassent sur presque toutes les nations, sans encore nous forcer à nous repaître de cet affreux spectacle qui, endurcissant le cœur, étouffe la sensibilité, vraie source des plaisirs les plus purs des hommes. On s'éloignait ainsi des routes que les Poussin et les Lesueur nous avaient tracées; et si, pour le malheur de la terre, tous les potentats se livraient à cette fureur désastreuse, les peintres de batailles seraient, dans les cours, les premiers et les plus récompensés des artistes, comme les flatteurs sont les plus favorisés des courtisans.

Non que je veuille entièrement condamner ce genre, qui retrace les triomphes des peuples et la gloire toujours fatale de ces conquérans, l'orgueil de la patrie qui les a vu naître, et les fléaux de l'humanité. Ce genre demande des connaissances très-étendues, et quelques-uns de nos artistes modernes, les *Legros*, les *Gérard*, les *Vernet* et les *Lejeune*, y ont cueilli des palmes éternelles en l'élevant par leur génie jusqu'au premier rang du genre de l'histoire; mais lorsque je voyais des artistes du second ordre s'y exercer, je formais toujours le désir qu'on les arrêtât dans leurs téméraires entreprises. Comme ils sentaient que ces scènes meurtrières ne plaisent à la multitude qu'en raison de l'horreur qu'elles inspirent, ils croyaient, pour mériter des éloges, qu'il fallait peindre des mouvemens d'une violence extrême, des blessures affreuses et dégoûtantes, du sang versé par torrens, des expressions outrées et convulsives, des cruautés atroces, des intrépidités au-dessus des forces humaines, des membres déboîtés avant que les guerriers n'eussent été frappés. On remarquait presque toujours dans ces misérables tableaux, que les vainqueurs et les vaincus étaient dans la même situation, et que, par leur conformation physique, ils auraient dû être réformés, ou méritaient les invalides avant que d'avoir combattu.

Mais le ciel, exauçant nos vœux, vient enfin de mettre un terme à ces sanglantes batailles qui ont fait, pendant vingt-cinq ans, la gloire et le malheur de notre patrie. Nos artistes, cessant d'avoir de ces sortes de sujets à représenter, vont, sans doute, s'occuper à retracer des scènes plus philantropiques et plus riantes; qu'ils y travaillent, et le monde admirera leurs productions. On est aujourd'hui convaincu que les arts ne sont pas seulement propres qu'à prêter des armes au plaisir et au luxe. Qui ne connaît leur influence sur les mœurs, et combien les artistes peuvent nous rendre meilleurs? Ils ont offert assez longtemps à la valeur française un aliment digne d'elle, et peuvent maintenant en offrir à l'amour de la vertu, qui est encore gravé dans tous les cœurs. Ils n'ont qu'à présenter à nos yeux de grands exemples et des beautés mâles ; c'est le plus noble moyen d'exciter un véritable enthousiasme, et d'atteindre le but le plus digne de leurs efforts, et comme

Chaque peuple à son tour a brillé sur la terre
Par les lois, par les arts, et surtout par la guerre,

et que nous avons assez joui de ce fatal genre de gloire qui nous a rendus les rivaux de ces fiers Romains, si redoutés du monde entier, nos artistes peuvent aujourd'hui nous faire briller comme eux par les sciences, les arts et les lettres; mais il faut pour cela les laisser choisir et traiter leurs sujets selon leur génie. Qui sait si, sous le pontificat de *Léon* x, les *Raphaël* et les *Michel-Ange*, en sortant quelquefois des sujets de piété qui leur étaient ordonnés, n'eussent pas encore reculé les limites de leur art, et enrichi davantage le monde savant de leurs immortelles productions? Mais il ne suffit pas d'accorder une entière liberté aux artistes ; ils travaillent pour la gloire, c'est leur seule ambition ; mais la gloire ne nourrit que moralement, et ce n'est que par des récompenses justement distribuées, qu'on peut encourager leurs talens. Quelle honte pour une nation, lorsque l'étranger remarque que ceux qui en sont la gloire, sont en proie au besoin, et périssent, faute de secours, comme on ne l'a vu que trop souvent, dans des temps peu reculés! Mais espérons que ces exemples ne se reproduiront plus.

Permettez-moi, mon aimable amie, de me féliciter d'avance d'être à même de vous rendre compte de plusieurs ouvrages de dames, exposés au salon cette année. Le préjugé injuste et barbare qui interdisait à votre sexe toute espèce de connaissance et de talent, est enfin totalement détruit; c'est un des bienfaits des tribulations occasionnées par les orages de notre révolution ; des organes délicats comme les vôtres ne sont pas faits pour des travaux pénibles ; mais on a aplani le chemin des sciences et des arts, et les Grâces peuvent y marcher ; vous en êtes la preuve. Laissez aux hommes le privilége de juger des procès et de tuer leurs semblables : vous, étudiez le cœur humain, cultivez les belles-lettres et les arts, sans, pour cela, négliger l'emploi sacré que la nature vous a confié ; vous serez beaucoup plus heureuse que nous, et vous parviendrez ainsi à doubler vos moyens de plaire, déjà si puissans. Les connaissances générales sont aujourd'hui répandues dans toutes les classes de la société, et la honteuse ignorance n'est plus un titre de noblesse, comme les gentilshommes le croyaient encore au commencement du siècle dernier. La raison a dissipé entièrement ces idées ridicules, et tous les hommes savent maintenant ce qu'ils sont, ce qu'ils peuvent et, quels sont leurs droits et leurs devoirs.

Ma lettre devient longue, et je sens qu'il est temps d'entrer en matière ; mais auparavant il me reste à vous prévenir de ne pas vous étonner de la hardiesse avec laquelle je parlerai des ouvrages de nos premiers peintres et statuaires. Les petits talens craignent les critiques, ils sentent que leur réputation n'est qu'un fantôme qu'un souffle peut dissiper. Un enfant pleure quand on lui dispute une épingle, parce que c'est tout son bien ; mais les grands artistes ne s'alarment pas si facilement ; leur réputation est décidée. On se console aisément d'un ouvrage faible, lorsqu'on en a fait d'excellens.

Je vais donc commencer mon récit par les tableaux de M. Girodet.

N°. 436. — GIRODET.

Une Scène de Déluge.

L'Anglais. Monsieur, étant depuis peu à Paris, oserais-je vous prier de me dire si cette scène de déluge n'est pas celle qui a déjà été exposée, et dont on a fait les plus grands éloges ?

Le Français. Oui, monsieur, ce tableau, l'un des plus beaux de l'école française, est le chef-d'œuvre de Girodet; c'est ce bel ouvrage qui devait avoir le grand prix décennal.

L'Anglais. Toutes les parties n'en sont cependant pas également belles; la composition pourrait être plus heureuse : il me paraît que l'auteur, n'ayant pas pu frapper toujours juste, a souvent frappé fort. La tête du père, et celle de l'époux n'ont rien de noble; la couleur générale du tableau est d'un ton gris trop uniforme, et je ne conçois pas, par quel miracle les draperies sont encore sèches et voltigent au gré des vents, lorsque toute la nature est en eau.

Le Français. Vous jugez avec trop de sévérité un des premiers artistes, non pas de France, mais même de l'univers. Quel peintre dessine avec plus de science, et connaît mieux la belle nature que lui ? Sa couleur tire, peut-être, un peu trop sur le gris dans tous ses ouvrages; mais dans celui-ci elle est ce qu'elle doit être, plus brillante elle serait fausse; tout doit être d'un ton obscur dans ce tableau, puisque tout est privé de lumière, les rayons du soleil ne pouvant pas arriver jusque sur la terre.

N°. 438. — Même Artiste.

Endymion.

L'Anglais. Voyons comment vous me prouverez que la couleur de ce tableau est ce qu'elle doit être; d'autres causes produisent d'autres effets : cette figure étant éclairée par des rayons brillans de la lune, le coloris ne devrait-il pas être d'un ton plus argentin et moins obscur? La tête d'Endymion ne ressemble-t-elle pas trop à celle d'une femme? Le Zéphire n'est-il pas trop lourd, et d'une pose trop maniérée?

Le Français. Votre jugement sur la figure du Zéphire, quoiqu'un peu trop rigoureux, me paraît assez juste; la couleur générale du tableau pourrait être meilleure; mais je ne suis pas de votre avis sur le reproche que vous faites à la tête d'Endymion; elle est belle et bien susceptible de charmer une divinité, qui, comme nos femmes, se laissait plutôt prendre par les yeux que par le cœur : Girodet me paraît être parvenu à rendre le beau idéal, aussi-bien que les premiers artistes grecs du siècle de Périclès, et vous admirez dans leurs productions ce que vous vous croyez en droit de blâmer dans celle-ci; soyez conséquent.

No. 439. — Même Artiste.

Hippocrate refuse les présens d'Artaxerce.

LE FRANÇAIS. Ce tableau d'histoire est une des premières productions de Girodet. Il était fort jeune lorsqu'il le fit; on s'aperçoit qu'il était plein des beaux modèles de Rome, lorsqu'il le composa; les figures ont une élévation de style qui les rapproche de l'antique, et l'expression des têtes est parfaite.

L'ANGLAIS. Vous me prouvez, monsieur, que cet artiste est votre peintre favori; vous le traitez comme un amant traite sa maîtresse; tout ce qu'il fait vous paraît bien, vous parlez toujours des beautés qui font admirer ses ouvrages, ce qui vous donne une ample matière à dire, et vous vous taisez sur les faiblesses qu'on y remarque: il me semble cependant que les contours des figures sont trop arrêtés, que les draperies ne sont pas largement touchées, et que la couleur de ce tableau manque d'harmonie.

No. 437. — Même Artiste.

Funérailles d'Atala.

LE FRANÇAIS. Que pensez-vous de ce tableau?.... vous ne m'en dites rien?

L'ANGLAIS. Je l'admire.

LE FRANÇAIS. J'étais certain que vous ne seriez pas

long-temps sans vous réconcilier avec cet habile artiste. Ce n'est pas l'imitation de la nature; c'est elle, c'est mieux qu'elle. Dans cette heureuse composition, tout attaque l'âme et fait naître une douce mélancolie. La peine même a ses plaisirs; vit-on jamais une tête plus belle que celle d'Atala ? Le chagrin de Chactas se communique à nos cœurs ; c'est bien un amant malheureux accablé sous le poids de sa profonde douleur, ses larmes sont des larmes sincères ; bien différentes en cela de celles que verse l'époux près des restes de sa moitié ; mais Chactas n'était qu'amant.

N°. 440. — Même Artiste.

Une Tête de Vierge.

LE FRANÇAIS. Que dites-vous de cette tête de Vierge ?

L'ANGLAIS. Qu'elle est admirable, et suffirait pour faire une réputation colossale à un artiste qui n'en aurait pas. En voyant ce tableau, j'oublie que c'est une imitation de la nature; et me croyant auprès de la beauté, je voudrais pouvoir endormir sa vertu, éveiller l'amour dans son cœur et lui faire oublier ses devoirs et son Dieu.

Voilà, Madame, le jugement que j'entendis porter sur les principaux ouvrages de Girodet, et le public éclairé le confirme; mais on regrette que cet artiste s'occupe autant de faire des portraits : il s'en faut qu'il soit aussi supérieur dans ce genre que dans l'histoire, et je l'en félicite. Il sied bien à ceux qui ont des talens décidés pour les grandes choses, d'en avoir peu pour les petites. Cependant celui qu'il a exposé de M. de Châteaubriand (n°. 442), est bien modelé, mais la couleur du fond en est trop crue, et ne s'harmonise pas assez avec la figure; malgré ces légers défauts les connaisseurs pensent que nos derniers neveux verront le portrait de cet auteur avec plus de plaisir qu'ils n'en liront les ouvrages, si toutefois ils vont jusqu'à eux.

N°. 483. — GUÉRIN.

Phèdre.

L'Anglais. Le plus grand de vos poètes a fort bien inspiré un de vos premiers peintres. Ce tableau est d'un aspect admirable; la lumière qui vient du fond est d'un effet heureux; mais Hippolyte est-il bien en situation? le prendrait-on pour le fils d'une Amazone, pour un chasseur sauvage,

Qui poussait la vertu jusques à la rudesse?

n'a-t-il pas trop l'air d'un jeune Français? Pourquoi l'artiste l'a-t-il représenté lorsqu'il dit à son père :

.... Mais je supprime un secret qui vous touche;
Approuvez le respect qui me ferme la bouche.

Ce respect n'est que la suite de la réflexion; c'était le premier mouvement du cœur qu'il fallait exprimer. Un accusé qui sait que

Le jour n'est pas plus pur que le fond de son cœur,

ne se laisse pas abattre, et conserve toute la dignité de son

2.

caractère; j'aurais reconnu le farouche Hippolyte si j'eusse cru lui entendre dire :

> D'un mensonge si noir, justement irrité,
> Je devrais faire ici parler la vérité.

Ce premier élan d'une âme injustement soupçonnée, eût rendu la situation de Phèdre encore plus critique par la crainte que le spectateur partagerait avec elle, que Thésée ne fût enfin désabusé. Mais ce n'est pas le seul reproche qu'il soit permis de faire à ce tableau; le lieu de la scène est trop resserré; la couleur générale est un peu trop jaune et manque de vigueur; les jambes d'Hippolyte sont faiblement dessinées, et l'exécution est d'un faire difficile.

Le Français. Allons, Monsieur, vous ressemblez beaucoup à nos critiques; ils s'efforcent de montrer les défauts d'un ouvrage et se taisent sur ses beautés. Hippolyte n'est sans doute pas à l'abri de tous reproches; mais l'auteur n'avait pas oublié, lorsqu'il le dessina, que ce vertueux fils ne voulut pas, par un récit trop sincère,

> D'une indigne rougeur couvrir le front d'un père.

Les petites taches de cet admirable ouvrage sont bien effacées par les beautés du premier ordre qu'on y trouve. Le groupe de Phèdre est aussi parfait de composition que de dessin et d'expression, et le grandiose qui règne dans la figure de Thésée fait bien reconnaître,

> L'ami, le compagnon, le successeur d'Alcide.

N°. 484. — Même Artiste.

Andromaque.

L'Anglais. Le sujet de ce tableau a aussi été puisé dans

les œuvres de votre divin Racine : je vois avec plaisir que les artistes français, plus que ceux des autres nations, se plaisent à retracer des faits historiques de l'antiquité ; cet ouvrage représente bien Pyrrhus refusant de livrer Astyanax à l'envoyé des Grecs.

Le Français. Les anciens nous ayant servi de modèles dans les arts et dans les lettres, ce n'est qu'en les imitant que nous pouvons espérer nous élever jusqu'à eux ; et les sujets puisés dans leur histoire, sont bien faits pour alimenter et soutenir le génie. Guérin est supérieur à lui-même lorsqu'il les traite ; ce bel ouvrage en est la preuve.

L'Anglais. Cependant il laisse beaucoup à désirer ; le trône du roi d'Épire n'a pas assez de splendeur ; le lieu de la scène est trop étroit ; la tête du fils d'Achille est trop française, elle ne me fait pas reconnaître le vainqueur de Troie ; cette Hermione ne me paraît pas assez belle pour avoir pu captiver Oreste.

Le Français. Vos observations sont justes ; mais combien la beauté de la pose de Pyrrhus, la noblesse et le calme de la figure d'Oreste, la douleur si bien exprimée dans celle d'Andromaque et d'Astyanax, rachètent ces légers défauts ! Hermione a pu perdre de ses charmes étant animée du désir de se venger, et livrée à toutes les fureurs de la jalousie, passion qui déforme les traits ; cette raison devrait être assez puissante pour empêcher les dames de s'y livrer, puisque la fille d'Hélène n'est plus reconnaissable depuis qu'elle en est atteinte.

Remarquez aussi quelle difficulté vaincue avec un si grand succès, d'avoir fait ressortir toutes les draperies blanches de ce tableau, sans nuire au brillant des chairs et sur un fond aussi ingrat, que l'artiste, il est vrai, aurait pu composer d'une manière plus heureuse.

Les amateurs instruits (trop peu nombreux pour avoir la plus grande autorité), ne cessent d'admirer l'exactitude sévère avec laquelle cet intéressant artiste se soumet à rendre fidèlement le costume des personnages qu'il représente; il offre aux regards ce qu'Homère ou Virgile ont écrit. Avantage qui, dans cette partie, lui donne la palme sur ses rivaux, qui devraient souvent, avant de composer leurs tableaux, puiser d'utiles instructions dans l'ouvrage sur les costumes des anciens peuples, par Dandré-Bardon, et surtout dans les bas-reliefs antiques.

N°. 485. — Même Artiste,

L'Aurore et Céphale.

L'Anglais. Ce tableau, dites-vous, est l'enlèvement de Céphale par l'Aurore? La beauté de ce jeune homme me fait reconnaître le fils de Mercure; mais l'Aurore, est-elle digne d'être fille du Soleil? Ne ressemble-t-elle pas trop à vos déesses d'opéra? Ses mains sont trop maniérées; l'Amour qui l'accompagne, s'il est le fils de Vénus, ne ressemble pas à sa mère; le nuage qui porte Céphale est trop lourd, il n'est pas composé de vapeurs, c'est une décoration de théâtre en carton. En général, ce tableau ne me fait pas le même plaisir que les autres ouvrages du même artiste.

Le Français. Vos observations sont rigoureusement justes; mais la figure principale, le beau Céphale, est au-dessus de tous éloges. Peut-être l'auteur a-t-il pensé que, si son Aurore était aussi belle que celle qui rajeunit Tithon, Céphale n'eût pas pu lui résister, et qu'il n'eût pas été long-temps sans oublier Procris, sa femme chérie, dans les bras de cette jeune divinité. Guérin n'a pas voulu l'exposer à être infidèle, et je lui en sais bon gré. Quant à l'Amour, comme c'est un dieu, qu'un dieu connaît l'avenir, et qu'il savait que l'Aurore ne parviendrait pas à plaire, il n'a pas cru devoir se présenter à Céphale avec ses charmes irrésistibles, afin de se conserver un moyen de défense, si l'Aurore un jour venait à lui reprocher son impuissance.

N°. 476. — GROS.

François 1ᵉʳ. et Charles-Quint, visitant l'Église de Saint-Denis.

LE FRANÇAIS. Ce tableau fait partie d'une collection destinée à décorer l'église de Saint-Denis ; il représente François 1ᵉʳ. et Charles-Quint visitant cette église. Les amateurs considèrent cet ouvrage comme le meilleur de Gros, le plus grand coloriste des peintres vivans.

L'ANGLAIS. Le dessin de cet ouvrage ne me paraît pas généralement pur, et les jambes ne sont pas dignes de porter d'aussi belles têtes.

LE FRANÇAIS. Vous êtes exigeant ; vous admirez Rubens dans toutes ses productions, et vous critiquez cet ouvrage de Gros, qui joint à la richesse de son coloris, au génie de sa composition, la noblesse dans les formes de ses figures, que Rubens n'a pas toujours su allier.

N°. 478. — Même Artiste.

Portrait du feu Comte Lasalle.

Le Français. Remarquez, du même artiste, le portrait d'un de nos braves généraux, mort au champ d'honneur. Quel coloris! que de noblesse dans la pose, et quel faire large! ce n'est pas un portrait, c'est la nature en action.

N°. 479. — Même Artiste.

Portrait de la Comtesse Lasalle.

Le Français. Voilà le portrait de sa veuve, près du buste de son époux.

L'Anglais. J'admire ces portraits; mais je vous le répète : pourquoi ne pas soigner davantage son dessin? Les bras de la femme me paraissent faibles, et pour donner du mouvement à la figure de l'enfant, je trouve que l'artiste l'a fait pirouetter; je ne vois, dans ce dernier portrait, qu'une belle tête.

Le Français. Dites sublime par son expression.

N°. 769. — PRUD'HON.

La Justice et la Vengeance divine poursuivant le Crime.

L'Anglais. La composition de ce tableau serait, je pense, beaucoup plus poétique, si les figures de la Justice et de la Vengeance divine, étaient enveloppées dans un léger nuage, et seulement assez indiquées pour l'intelligence du sujet; car, les êtres divins n'ont pas besoin de se montrer pour confondre les coupables : un seul acte de leur volonté doit suffire. L'assassin qui s'éloigne de sa victime m'inspire une secrète horreur; mais cette figure me paraît trop courte, et la tête d'un style trop bas.

Le Français. Les deux figures divines, entourées de vapeurs, produiraient sans doute un plus grand effet; et l'auteur a cru devoir suivre l'exemple de Rubens, ce grand maître dans tous les genres, et surtout dans les sujets allégoriques. Votre jugement, sur la figure du criminel, me paraît fondé; mais vous ne me parlez pas de l'esprit avec lequel l'artiste a composé ce bel ouvrage. C'est à la nuit que se passe cette triste scène : un rayon de lumière, émané de la lune, vient éclairer la victime, et semble, en la découvrant aux yeux de la justice, demander vengeance pour elle. Ce tableau produit un effet merveilleux.

Nos. 770 et 771. — Même Artiste.

Psyché enlevée par les Zéphires,
Et jeune Zéphire se balançant au-dessus des eaux.

Le Français. Ce tableau est un des plus gracieux de cette exposition; le groupe en est charmant, et Psyché me paraît bien digne, par sa beauté, de faire connaître à Cupidon combien il cause de maux lorsqu'il blesse nos cœurs de ses traits.

L'Anglais. Aussi parvint-elle à lui faire oublier tous ses devoirs et sa mère même, pour ne songer qu'à elle seule. Mais pourquoi quatre Zéphires pour la transporter dans ce lieu de délices, où elle demeura long-temps avec lui? Je n'en connaissais qu'un, que le fils d'Eole et de l'Aurore. Il paraît cependant que les autres sont ses frères, et, ce qui m'autorise à le croire, c'est qu'ils ont un air de famille, et ressemblent aussi beaucoup à celui qui se balance au-dessus des eaux.

Le Français. Pourquoi chicaner l'auteur d'avoir multiplié nos plaisirs; ce n'est pas un trait d'histoire qu'il nous représente. Un auteur, dans tous les genres, peut arranger la fable à sa manière, pour l'avantage de son ouvrage, et Prud'hon a parfaitement réussi dans le sien. La composition de ces deux ouvrages est charmante; les figures ont la grâce et le coloris du Corrége, et ces tableaux ne laissent à désirer que plus de pureté dans le dessin.

N°. 2. — ABEL DE PUJOL.

La Mort de Britannicus.

Le Français. Encore un sujet d'histoire inspiré par le grand Racine.

L'Anglais. Tacite, je crois, était plutôt l'auteur que l'artiste aurait dû suivre; quand on peint l'histoire, c'est l'historien qu'on doit consulter, et non pas le poète qui, pour l'intérêt de son ouvrage, invente des personnages, comme Racine l'a fait en créant Junie.

Le Français. La raison qui a fait suivre l'exemple de Racine à l'artiste, en introduisant le personnage de Junie, n'est, je crois, pas blâmable, puisque cette figure ajoute à l'intérêt que Britannicus inspire déjà, et les pleurs qu'elle répand sur le corps de son amant, augmentent la jalousie de Néron.

L'Anglais. Mais ce n'est pas l'amour qui l'a porté à empoisonner son frère. C'est une pure fiction inventée par le poëte pour augmenter l'intérêt de son ouvrage, et l'historien ne parle pas de cet amour ; je blâmerai toujours les artistes de ne pas puiser leurs sujets dans des ouvrages classiques, et de courir ainsi volontairement les risques de s'égarer dans leurs compositions. Le lieu où cette scène se passa n'est pas assez indiqué dans ce tableau ; c'est à table, à la fin d'un repas, que Néron fit commettre ce forfait, et je ne le vois pas clairement. La figure de cet Empereur est lourde ; elle n'a pas le grandiose qu'on aurait pu donner même à ce monstre, tout en conservant ses traits. Agrippine est trop colossale ; la tête de Burrhus est belle, mais d'un ton trop rouge ; et Britannicus, qui n'avait que quinze ans lorsqu'il fut empoisonné, en paraît davantage.

Le Français. Les difficultés que présentait la figure de Néron ne sont peut-être pas toutes vaincues ; cependant il a bien l'air faux d'un homme qui veut et ne peut pas se disculper. Agrippine, dont le caractère était plutôt celui d'un homme que d'une femme, me paraît bien ; la peinture ne pouvant pas retracer ce qui se passe dans l'âme. Ce n'est, il me semble, qu'en agrandissant les formes, qu'elle peut élever ses personnages au-dessus de leur sexe, et donner une haute opinion de leur caractère ; c'est ce qu'Abel a fait pour son Agrippine : il faut encore observer que cette figure est sur le premier plan. Vous trouvez la tête de Burrhus trop colorée ; elle vous prouve qu'il y a eu un festin ; c'est sans doute la cause du teint animé de cette tête. Quant à l'âge de Britannicus, Racine l'ayant fait vivre quelques années de plus qu'il n'a vécu, le peintre ne pouvait-il pas faire de même ?

Ce tableau présente des beautés du premier ordre ; les figures sont généralement bien dessinées ; les têtes sont pleines d'expression ; le coloris en est chaud et plein d'harmonie. Le fond est composé d'une manière grande ; je regrette cependant qu'il n'ait pas plus de profondeur, et que sa richesse soit plus dans les ornemens de l'architecture que dans l'architecture même. Enfin, je crois qu'on doit pardonner quelques défauts dans ce bel ouvrage, en faveur de l'âge de l'artiste. Ce premier pas, dans la lice, ferait honneur à un vieil et vigoureux athlète, et, si Abel n'est pas le troisième homme du monde, qu'il ne s'endorme pas sur ses premiers succès, il pourra devenir le premier peintre.

N°. 103. — BITTER.

Genièvre et Lancelot.

L'Anglais. Quel joli tableau ! en connaissez-vous le sujet ?

Le Français. Genièvre et Lancelot, deux amans

oubliant leur lecture pour penser à l'amour, ou pour tout oublier. Le fini de cet ouvrage est admirable, le coloris en est vigoureux et pur ; je suis fâché seulement que les lumières soient si éparses, ce qui fait papilloter ce tableau.

Mon amie,

Je regrette beaucoup que vous ne soyez pas à même de voir ce joli ouvrage, il vous ferait le plus grand plaisir. Figurez-vous deux amans, tous deux jeunes et beaux, lisant ensemble et oubliant bientôt, l'une ce qu'elle lit, et l'autre ce qu'il entend ; ils se rapprochent progressivement ; déjà, les boucles de leurs cheveux se confondent ; Genièvre livrée à une douce rêverie, semble n'ouvrir sa bouche de rose, que pour appeler les baisers ; et Lancelot, agité voluptueusement par les désirs, semble dans son regard encore timide, s'approcher pour les donner. Le cœur de Genièvre paraît palpiter ; une de ses mains ne sait déjà plus ce qu'elle fait...... le livre tombe......... et.........

Il est impossible, mon amie, de regarder ce tableau sans éprouver une douce ivresse. Je n'ai fait aucune remarque sur les détails, tout m'a paru charmant.

N°. 699. — MEYNIER.

Naissance de Louis XIV, et la Sagesse préservant l'Adolescence des traits de l'Amour. — Sujets allégoriques.

Le Français. Examinons scrupuleusement ces deux tableaux allégoriques, dont l'un est du genre historique, et l'autre du fabuleux. L'artiste va, sans doute, remplir notre attente ; son goût est assez pur et son esprit assez fin, pour faire naître et communiquer des pensées spirituelles à l'aide des figures symboliques de la mythologie. Déjà je remarque qu'elles viennent enrichir la composition de ces deux ouvrages, et non pas l'embarrasser, ce qui arrive presque toujours dans les tableaux de ce genre. On peut dire avec vérité que la peinture parle sous les pinceaux de Meynier.

Commençons par la naissance de Louis XIV.

Après vingt-deux ans de mariage, les vœux de Louis XIII sont enfin exaucés : le ciel lui accorde un fils. La déesse Lucine le remet entre les mains de la France, personnifiée sous la figure d'une femme, belle, pure et pleine de majesté ; elle est vêtue d'un manteau de velours bleu parsemé de fleurs de lys en or : Minerve est placée entre elle et Lucine, et semble prendre le nouveau né sous sa protection. Les Muses, dont ce prince doit faire honorer le culte, s'empressent de célébrer sa naissance, et Clio inscrit déjà sur ses tablettes le jour heureux qui vit naître ce grand Roi. Les Génies de tous les genres, ivres de joie d'un si grand événement, répandent des fleurs sur cet auguste enfant ; et, comme il sentent que leurs jours de gloire sont attachés à ceux du prince qui vient de naître, ils font des vœux pour que le ciel prolonge son existence ; deux d'entre eux s'élèvent jusqu'aux cieux et portent une inscription, sur laquelle on lit *à Deo datus*, ce qui exprime que la cause de leur ivresse, est de ce que les dieux viennent de leur accorder ce monarque qui doit devenir leur père et leur soutien ; un autre, à gauche du tableau, vient de cueillir une branche de lys et de faire une couronne de lauriers, qu'il accourt présenter à ce jeune prince ; enfin, l'on aperçoit, sur un arc-en-ciel, Iris qui va porter aux dieux cette heureuse nouvelle.

Cette savante composition doit vous plaire, et l'exécution du tableau y répond parfaitement. Les figures sont purement et noblement dessinées, surtout celles de la France, Lucine, Minerve et Clio, qui ne laissent rien à désirer ; toutes les têtes sont pleines d'expression ; les draperies sont bien ajustées ; le tout est d'un faire large, et le coloris est généralement harmonieux.

L'Anglais. Je ne suis pas de votre avis sur ce dernier point : cet ouvrage renferme assez de beautés, pour qu'on puisse se permettre d'en montrer les légers défauts ; la couleur, loin d'être harmonieuse, me paraît généralement crue, et rend ce tableau un peu image. Les figures des Génies sont d'une mauvaise forme, et les têtes en sont trop communes ; mais peut-être l'auteur sentait-il que le Génie n'a pas besoin d'être physiquement beau pour plaire, et qu'il peut se passer des grâces du fils de Vénus.

N°. 701. — Même Artiste.

La Sagesse préservant l'Adolescence des traits de l'Amour.

Le Français. Cette ingénieuse allégorie confirme complètement ce que j'ai dit de l'esprit fin de Meynier : la composition de ce tableau est très-sage et très-poétique. Un jeune adolescent voit une femme charmante, nue et couchée, il sent naître un désir qui lui était inconnu, situation bien naturelle. Dès que l'homme réfléchit, il adore la divinité; sitôt qu'il sent battre son cœur, il aime la femme; ce désir augmente, il va succomber; mais Minerve le soutient, le couvrant de son égide, elle le préserve des traits de l'Amour et le rappelle à la vertu. Pour moi, je sens que malgré cet appui divin, l'écueil eût été inévitable, et que mon cœur eût trouvé des plaisirs à s'y briser.

L'Anglais. Mais croyez-vous que l'artiste, plutôt que de peindre une femme pure, qui pourrait être prise pour une Diane endormie, n'eût pas mis son adolescent dans un danger plus grand, s'il eût peint une de ces courtisanes ardentes qui ne savent plus rougir, et qui, ayant perdu toute pudeur, et ne connaissant plus ni frein ni mesure, vont au-devant du baiser qu'un jeune homme n'ose pas hasarder crainte de déplaire? On verrait, dans les yeux de cette femme, la volupté succéder au désir, et cette image ferait un beau contraste avec le calme de la Minerve.

Ce tableau est d'une couleur bien meilleure que celle du précédent; il n'y a que des éloges à faire sur son exécution.

N°. 421. — GAUTHEROT.

Convoi d'Atala.

Le Français. Voici une autre Atala, d'un artiste non moins recommandable que Girodet, mais qui n'a pas une réputation aussi colossale.

L'Anglais. Cette composition me plaît; la profonde

tristesse qui règne dans ce tableau vous identifie avec la situation de Chactas ; je ne crois pas cet ouvrage aussi savamment dessiné que celui de l'autre artiste.

Le Français. N'établissons pas de comparaison entre ces chefs-d'œuvre ; admirons-les, sans faire naître une rivalité qui pourrait causer des dissensions entre deux estimables artistes ; ne soyons pas les auteurs que ceux qui se sont élevés au-dessus des autres hommes par leurs talens, s'en rapprochent par leurs faiblesses.

N°. 241. — DE BOISFREMONT.

Jupiter enfant, nourri dans l'Ile de Crète, par les Nymphes du mont Ida.

Le Français. Ce tableau est destiné à décorer les appartemens des Enfans de France : la composition est très-gracieuse, et toutes les figures sont bien dessinées et très-belles.

L'Anglais. Je crois me rappeler que Rhée ayant voulu soustraire Jupiter à la cruauté de Saturne, avait confié son enfance à des prêtres, qui, par leurs danses bruyantes, empêchaient que Saturne n'entendît les cris de l'enfant ; et je ne vois le petit dieu qu'entouré de nymphes, charmantes à la vérité, mais ce sont des femmes et non pas des prêtres. Le coloris mou de ce tableau me fait croire, ou qu'il n'est qu'ébauché, ou qu'il est l'ouvrage d'une femme ; il est facile de mettre de l'harmonie dans la couleur, quand tout est dans le vague comme on le remarque dans cette production.

Le Français. On doit savoir gré à l'auteur d'avoir pris Jupiter venant de naître, afin de l'entourer de femmes, dont les grâces nous charment davantage que les danses bizarres des Corybantes n'auraient pu le faire. Je partage votre opinion sur le coloris; s'il était plus vigoureux, sans perdre de son harmonie, ce tableau serait un des meilleurs de cette exposition.

N°. 242. — Même Artiste.

Virgile lisant son Énéide devant Auguste et Octavie.

Le Français. Vous serez plus content de la couleur de celui-ci.

L'Anglais. Elle est beaucoup mieux, sans être cependant ce qu'il faudrait qu'elle fût. La figure d'Octavie est-elle assez romaine? Celle d'Auguste a-t-elle assez de grandiose?

Le Français. On peut désirer plus de noblesse dans ces deux figures; mais quelle sage et belle composition! La tête du poëte exprime bien l'homme qui éprouve la crainte d'avoir trop vivement affecté l'âme, et qui cependant est satisfait de l'impression que son ouvrage vient de faire; celle d'Auguste attendri n'est pas moins belle : en général ce tableau est d'une belle exécution, quoique le dessin en soit un peu lâche, et le coloris trop froid; les lignes d'architecture sont fort belles, et le paysage du fond s'établit bien en perspective.

N°. 408. — FREMY.

Arrivée de S. A. R. Monsieur à Paris.

L'Anglais. Ah ! voici monsieur le Comte d'Artois.

Le Français. Oui; je regrette que l'auteur de ce tableau n'ait pas, proportionnellement à ses figures, choisi un plus grand cadre, divisé ses groupes et mis plus d'harmonie dans son coloris; son dessin est très-correct; mais le cheval de Monsieur est-il bien? Une difficulté heureusement vaincue, c'est que toutes les figures sont généralement portraits, et cependant pleines d'expression.

N°. 880. — TREZEL.

Fuite de Caïn après son crime.

L'Anglais. La composition de cet ouvrage mérite les plus grands éloges; mais l'enfant que Mehala porte dans ses bras est si petit qu'on croirait qu'il vient de naître, je lui pardonnerais ce léger défaut s'il était mieux dessiné; le coloris de cet ouvrage n'est pas vrai: c'est un camaïeu, et non un tableau coloré.

Le Français. Votre critique est trop rigoureuse, et vous oubliez que cette triste scène se passe à la nuit; la nature étant couverte d'un voile, tous les objets doivent être obscurs. Je sais qu'un habile coloriste aurait pû, par des teintes savamment distribuées, conserver à chaque objet sa couleur locale. Tâchez d'oublier ce défaut, et remarquez comme le caractère de chaque sexe, et des différens âges de la vie, est scrupuleusement observé dans chacune de ces figures : la tête de Caïn, tout en conservant de la noblesse, a bien l'expression qu'il convenait de donner à l'homme en proie aux remords : celle de Mehala ne me paraît pas aussi bien ; elle est dans l'attitude de la réflexion, et celle de la tristesse conviendrait beaucoup mieux à sa situation : la jeune fille, à droite de Caïn soutient son père, et cherche à le consoler ; c'est bien l'effet du cœur généreux de la femme qui, dès le commencement de sa carrière, est toujours l'appui du malheureux : le jeune enfant que Mehala tient par la main, est seul indifférent à cette triste scène, et, s'occupant à cueillir un bouquet qu'il rencontre sur son passage, retrace bien la frivolité de ce bel âge de la vie ; enfin, le fils aîné marche devant, la tête baissée et dans un abattement profond. Le plus grand silence paraît régner dans cette malheureuse famille. Ce beau tableau fait le plus grand honneur à l'artiste qui l'a composé, et le place au premier rang de nos peintres.

N°. 881. — Même Artiste.

Phèdre jugée aux Enfers.

Le Français. Voilà un autre tableau du même artiste, dans l'ordonnance duquel il s'est encore surpassé. L'incestueuse Phèdre est devant le tribunal de Minos, qui, venant d'apprendre l'énormité des crimes de sa fille, laisse tomber l'urne terrible de ses mains. L'artiste par une hardiesse, que le succès peut seul faire pardonner, a éclairé la figure de Phèdre par un rayon émané du soleil qui, (ce que l'on n'aurait pas cru), peut pénétrer jusqu'au fond des enfers, et semble venir comme pour confondre la coupable : les trois juges sont éclairés par une lampe. Minos est levé : il va prononcer l'irrévocable arrêt; mais comme dans le premier mouvement de la colère, un père juge avec trop de sévérité, ou ne peut pas punir, s'il laisse à la nature le temps de se faire entendre, il consulte Éaque et Rhadamante, qui paraissent réfléchir avant de lui donner leurs conseils. On aperçoit le vieux Caron, dans le fond du tableau, qui retourne sur la rive de la terre.

La composition de ce bel ouvrage ne fait pas son seul mérite ; ses figures sont bien dessinées, les têtes sont pleines d'expression, et la lumière émanée du soleil, contrastant avec celle produite par la lampe, occasionne un effet très-piquant. Je regrette seulement que la partie du tableau, qui est dans le clair-obscur, ne soit pas mieux traitée, et que la couleur générale de cet ouvrage soit un peu trop noire.

L'Anglais. Par ce coloris sombre, l'auteur a peut-être voulu imiter par anticipation ce vernis précieux, pour les amateurs ignorans, que le temps et la fumée donnent aux vieux tableaux : si c'est ainsi, l'auteur s'est trompé. Lorsqu'on veut employer le ton noir de Rembrant ou de l'Espagnolet, il faut avoir atteint la force et l'effet de ces grands maîtres.

N°. 425. — GÉRARD.

Portrait en pied de S. M. Louis XVIII.

Le Français. Vous regrettiez beaucoup de ne point voir quelques ouvrages de Gérard enrichir cette exposition : cet habile artiste va, sans doute, confirmer la haute opinion que vous avez conçue de son talent, par le portrait en pied du Roi qu'il vient d'exposer : la parfaite ressemblance de ce portrait et les beautés qu'on y remarque, méritent en quelque sorte, la reconnaissance de la nation entière.

L'Anglais. On reconnaît, dans ce tableau, le pinceau mâle et savant d'un maître : la pose de votre Roi est pleine de noblesse ; les accessoires sont admirables de vérité ; le fond est très-riche, et s'établit bien en perspective linéaire et aérienne ; la couleur générale est vigoureuse et bien entendue : mais la tête n'est-elle pas un peu trop colorée ? les contours n'en sont-ils pas trop arrêtés ? et le coussin sur lequel le pied est posé ne devrait-il pas être plus affaissé ?

N°. 886. — VAFFLARD.

Electre.

L'Anglais. Quel est ce sujet ?

Le Français. Pour le connaître, ayons recours à la notice ; elle dit : « Pour venger son père et par l'ordre des dieux, Oreste avait tué sa mère. Fatigué de ses remords, il y succombe et s'endort dans les bras d'Électre. Les compagnes de celle-ci viennent s'informer de l'état d'Oreste. Électre les conjure, les supplie de ne pas l'éveiller. Mes compagnes, mes amies, faites silence, n'avancez pas, ne l'éveillez pas ».

L'Anglais. J'avais besoin de cette explication : je n'aurais pas reconnu Oreste ; la situation de son âme devrait, en quelque sorte, être peinte sur ses traits ; et la santé, dont il paraît jouir, n'est pas propre à faire reconnaître un malheureux toujours agité par les furies. Le raccourci de sa jambe droite n'est pas heureux, et le peintre aurait pu éviter cet écueil.

La pose d'Électre me paraît forcée ; dans telle situation que nous nous trouvions, nous prenons toujours l'attitude la moins pénible. Toutes les fois qu'un artiste oublie ce principe, il pèche contre l'art, puisqu'il pèche contre la nature ; les Grecs l'ont toujours imitée ; ils ont été simples dans les plans de leurs tragédies ; simples dans les expressions qu'ils ont prêtées à leurs personnages, comme dans les attitudes qu'ils ont données à leurs statues ; l'auteur de ce tableau n'a pas suivi l'exemple de ces grands maîtres. Au lieu de chercher à donner tant de mouvement à cette figure, n'aurait-il pas plutôt dû la poser, comme les Latins représentaient le Silence, la tête tournée, sans roideur, du côté de ses compagnes, un doigt sur la bouche et leur désignant, d'une main, en montrant Oreste, que c'est pour ne pas troubler son repos qu'elle les invite à ne pas faire de bruit et à s'éloigner ; cette pose simple, n'eût-elle pas mieux valu, et le sujet de ce tableau ne se fût-il pas expliqué de lui-même, par l'attitude de cette figure ?

Je désirerais aussi que le groupe des compagnes d'Électre fût pyramidale, c'est-à-dire, que les figures du devant du tableau fussent moins élevées que les autres.

Mais je ne pardonne pas à l'auteur l'anachronisme qu'il a fait, en mettant, dans le fond de son tableau, deux statues antiques qui n'existaient pas alors. Le lit est aussi trop moderne.

Malgré la sévérité de mon jugement, on ne peut pas se dissimuler qu'il n'y ait de très-grandes beautés dans ce tableau, et, je ne doute pas que l'auteur, en raisonnant davantage ses ouvrages, ne parvienne à faire un habile artiste; mais, pour y parvenir, il faut qu'il évite de faire des draperies aussi roides que celle qui est attachée à la tête d'Électre, et qu'il prenne garde que son coloris ne tombe dans le gris.

Je m'arrête, Madame, à peine entré dans la carrière, mais vous n'en serez pas quitte; il me reste à vous parler de beaucoup d'excellens tableaux qui font l'admiration du public; et ce serait être injuste, même ingrat envers les artistes, que de rester muet devant leurs ouvrages, lorsqu'ils méritent tant d'éloges : ne voulant pas mériter ce reproche, je continuerai d'en parler avec la même liberté et la même franchise que je viens de le faire. Puissiez-vous partager, en lisant mes réflexions, le plaisir que j'ai eu à les écrire ! c'est toute mon ambition.

Fin du premier Numéro.

TABLE.

	Pages.
Lettre à Madame ***.	5

GIRODET.

N°. 436. Examen d'une scène de Déluge. . . .	13
438. Endymion.	14
439. Hippocrate.	15
437. Funérailles d'Atala.	id.
440. Une Tête de Vierge.	16
442. Portrait de M. de Châteaubriand. . .	17

GUÉRIN.

483. Phèdre.	id.
484. Andromaque.	18
485. L'Aurore et Céphale.	20

GROS.

476. François 1er et Charles-Quint. . . .	21
478. Portrait du Comte Lasalle.	22
479. Portrait de la Comtesse Lasalle. . . .	id.

PRUD'HON.

769. La Justice et la Vengeance poursuivant le Crime.	id.
770 et 771. Psyché enlevée par les Zéphires, et jeune Zéphire se balançant au-dessus des eaux.	23

ABEL DE PUJOL.

2. Mort de Britannicus.	24

BITTER.

N°. 103. Genièvre et Lancelot. 26

MEYNIER.

699. Naissance de Louis xiv. 27
701. La Sagesse préservant l'Adolescence des traits de l'Amour. 29

GAUTHEROT.

421. Convoi d'Atala. 30

DE BOISFREMONT.

241. L'Enfance de Jupiter. 31
242. Virgile lisant son Énéide devant Auguste. 32

FREMY.

408. Arrivée de S. A. R. le Comte d'Artois. 33

TREZEL.

880. Fuite de Caïn après son crime. . . . *id.*
881. Phèdre jugée aux Enfers. 34

GÉRARD.

425. Portrait en pied de S. M. Louis xviii. . 36

VAFFLARD.

886. Electre. . . . . *id.*

FIN DE LA TABLE.

www.ingramcontent.com/pod-product-compliance
Lightning Source LLC
Chambersburg PA
CBHW030052230526
45471CB00003B/1056